Zöpfe, Knoten, Flechtfrisuren

von Joël Benjamin

DK | Penguin Random House

Lektorat Maxime Boucknooghe, Victoria Garrard, Joanna McInerney
Gestaltung Miranda Snow, Victoria Kimonidou
Fotos Ruth Jenkins

Für QED:
Sarah Tomley @ Editorsonline.org
Tracy Killick @ Tracy Killick Art Direction & Design

Für die deutsche Ausgabe:
Redaktionsleitung Martina Glöde
Herstellungskoordination Arnika Marx
Herstellung Jenny Kolbe

Titel der englischen Originalausgabe:
Twists, braids & ponytails

Übersetzung Eva Korte

ISBN 978-3-8310-3277-8
5902-0Q0128-20773-12

Druck und Bindung 1010 Printing in Guangdong, China TT 122025

FSC MIX Papier | Fördert gute Waldnutzung FSC® C016973

www.dk-verlag.de

Hinweis
Die Informationen und Ratschläge in diesem Buch sind von den Autoren und vom Verlag sorgfältig erwogen und geprüft, dennoch kann eine Garantie nicht übernommen werden.
Eine Haftung der Autoren bzw. des Verlags und seiner Beauftragten für Personen-, Sach- und Vermögensschäden ist ausgeschlossen.

SCHWIERIGKEITSGRAD

Unter dem Namen der Frisur findest du jeweils einen Hinweis dazu, wie leicht oder schwer die Frisur zu machen ist.

Einfach

★☆☆☆☆ ★★☆☆☆

Für Einsteiger: Frisuren mit einem oder zwei Sternen

Mit etwas Übung

★★★☆☆ ★★★★☆

An den Frisuren mit drei und vier Sternen kannst du deine Flecht-Künste üben.

Aufwendig

★★★★★

Wenn du eine Herausforderung suchst, sind diese auffälligen Frisuren das Richtige.

HINWEIS FÜR ELTERN

Manche Mädchen können einige oder alle diese Frisuren selbst machen, andere benötigen dabei etwas Unterstützung. Bei einigen Frisuren in diesem Buch macht es Spaß, sie zusammen auszuprobieren.

Inhalt

Eingedrehtes Tuch

Zöpfe über Kreuz

Muffin-Haarknoten

Grundlagen

Zöpfe zu flechten ist eigentlich recht einfach. Du brauchst nur wenige Hilfsmittel, die meisten hast du wahrscheinlich schon zu Hause.
Wenn du noch keine Zöpfe flechten kannst, lernst du am besten zuerst die Zöpfe in diesem Kapitel, alle anderen Frisuren in diesem Buch werden damit gemacht. Für Flechtfrisuren ist der Zopf aus drei Strängen am wichtigsten. Du kannst ihn auf zwei Arten flechten: als französischen Zopf (Die Strähnen werden beim Flechten übereinandergelegt.) oder als holländischen Zopf (Die Strähnen werden untereinander verflochten.). Ein französischer Zopf steht stärker ab als ein holländischer Zopf.

Bereiche auf dem Kopf

Sieh dir die Namen der einzelnen Bereiche auf dem Kopf an, damit du die Anleitungen in diesem Buch gut verstehst.

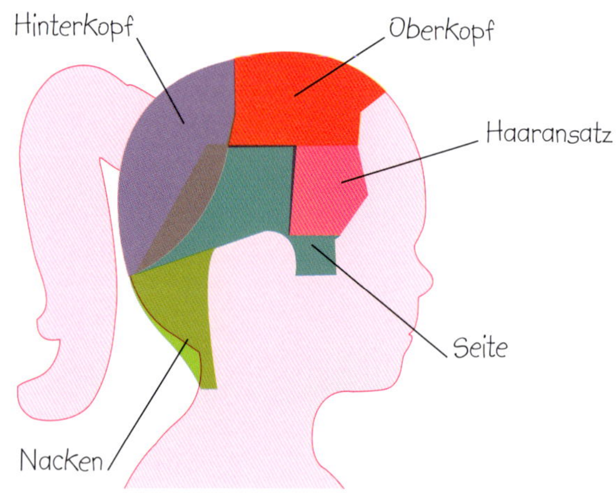

Das brauchst du fürs Styling

Haarbürste
zum Entwirren und Glätten der Haare

Kamm mit feinen Zinken
zum Abteilen von Partien

Haarclips
zum Beiseitestecken von Partien

Haargummis
zum Abbinden von Partien

Haarklemmen
zum Feststecken von Strähnen

Haarspray
gibt der Frisur Halt

Sprühflasche mit Wasser
macht die Haare beim Flechten griffiger

Haarnadeln
zum Feststecken von Partien

Große Haargummis
zum Binden eines Pferdeschwanzes

Duttkissen
formt einen schönen Dutt

Du brauchst:
Kamm
Haargummi

Holländischer Zopf

Einfach ★☆☆☆☆

Teile das Haar in drei gleich große Partien.

Lege den rechten Strang unter dem mittleren Strang zur Mitte.

Lege dann den linken Strang unter dem neuen mittleren Strang zur Mitte. Wiederhole Schritte 2 und 3 bis zum Ende und binde das Ende mit einem Haargummi ab.

Auseinanderziehen
Wenn du die einzelnen Zopfabschnitte nach dem Flechten auf die gewünschte Breite auseinanderziehst, sieht der Zopf noch schicker aus.

Einfacher Flechtzopf

Du brauchst:

- Kamm
- Haargummi

Einfach ★☆☆☆☆

1

Ziehe einen Mittelscheitel und teile das gesamte Haar in drei Partien.

2

Lege den rechten Strang über dem mittleren Strang zur Mitte.

3

Lege den linken Strang über dem neuen mittleren Strang zur Mitte. Wiederhole Schritte 2 und 3 bis zum Ende und binde das Ende mit einem Haargummi ab.

Französischer Zopf

Du brauchst:

Haarbürste

Kamm

Haargummi

Einfach ★★☆☆☆

Nimm an der Stirn drei Strähnchen auf. Du beginnst mit kleinen Strähnen, der Zopf wird nach und nach breiter.

Flicht ein paarmal unter- oder übereinander (S. 5 und 6).

Nimm dann vom Haaransatz Strähnen hinzu: Du machst mit der rechten Hand den rechten Strang größer und legst ihn über oder unter den mittleren Strang. Dann machst du mit der linken Hand den linken Strang größer und legst ihn über oder unter den neuen mittleren Strang.

Flicht im Nacken einen normalen Zopf weiter und binde das Ende mit einem Haargummi ab.

Fischgrätzopf

Du brauchst:
Kamm
Haargummis

Einfach ★★☆☆☆

Binde das Haar auf einer Seite im Nacken mit einem Haargummi zu einem tiefen Pferdeschwanz.

Teile den Pferdeschwanz in zwei Partien. Teile auf beiden Seiten außen zwei kleine Strähnen ab. Jetzt hast du zwei dicke und zwei dünne Stränge.

Nimm den dünnen rechten Strang, lege ihn über den dicken rechten Strang und nimm ihn zu dem linken dicken Strang hinzu.

Nimm dann den linken dünnen Strang, lege ihn über den linken dicken Strang und nimm ihn zu dem rechten dicken Strang hinzu. Nimm jeweils von außen einen kleinen Strang auf und flicht so weiter bis zum Ende. Binde das Ende mit einem Haargummi ab.

Kordelzopf

Du brauchst:

- Haarbürste
- Kamm
- Haargummis

Einfach ★☆☆☆☆

1. Binde im Nacken einen Pferdeschwanz und teile ihn in zwei gleich große Partien.

2. Drehe die beiden Stränge einzeln im Uhrzeigersinn stark ein.

3. Drehe die beiden Stränge dann gegen den Uhrzeigersinn zusammen. Drehe die einzelnen Stränge dabei weiter im Uhrzeigersinn, damit sie fest gedreht bleiben.

4. Drehe die Stränge bis zum Ende zu einer Kordel zusammen. Binde das Ende mit einem Haargummi ab.

Freche Zöpfe

Mit etwas Übung ★★★☆☆

Du brauchst:
- Haarbürste
- Kamm
- Haargummis

Ziehe mit dem Stielkamm einen Mittelscheitel. Binde das Haar auf einer Seite beiseite. Nimm auf der anderen Seite an der Stirn eine Strähne auf und teile sie in drei Stränge.

Flicht einen eingeflochtenen holländischen Zopf (S. 5 und 7).

Flicht weiter über den Hinterkopf bis zum Nacken. Ziehe das Haar am Kopf flach, damit der Zopf schön hervortritt.

Flicht im Nacken einen normalen holländischen Zopf weiter und binde ihn mit einem Haargummi ab.

Wiederhole Schritte 1–4 für den Zopf auf der anderen Seite.

Tipp

Wenn du mit den beiden eingeflochtenen Zöpfen jeweils direkt neben dem Mittelscheitel bleibst, entsteht ein breiter Doppelzopf am Hinterkopf.

Verrückter Scheitel

Mit etwas Übung ★★★☆☆

Du brauchst:
- Haarbürste
- Kamm
- Haargummis

Ziehe über den ganzen Kopf einen Mittelscheitel und teile beide Seiten in vier Partien (insgesamt acht Partien). Die beiden Partien am Oberkopf sollten größer sein als die sechs am Hinterkopf.

Nimm die Partie unten links auf. Drehe sie ein und lege sie schräg nach oben zur zweiten Partie von unten auf der rechten Seite. Binde die beiden Partien mit einem Haargummi zusammen.

Nimm dann die Partie unten rechts auf, drehe sie ein und füge sie schräg nach oben zur zweiten Partie von unten auf der linken Seite hinzu.

Wiederhole diesen Vorgang bis zum Oberkopf.

Tipp

Diese Frisur lässt sich leichter machen, wenn das Haar feucht ist.

Im Alltag

Lässiger Pferdeschwanz

Einfach ★★☆☆☆

Du brauchst:

- Haarbürste
- Kamm
- Haargummis
- Haarnadel

Binde einen Pferdeschwanz, wickle eine Haarsträhne um das Haargummi und stecke sie mit einer Haarnadel fest. Teile den Pferdeschwanz in zwei Partien. Binde die obere Partie 5 cm unter dem ersten Haargummi mit einem zweiten Haargummi ab.

Schiebe die Partie zwischen den Haargummis mit den Fingern in der Mitte auseinander und ziehe die offene untere Partie durch die Lücke.

Binde die neue obere Partie mit einem Haargummi ab, schiebe sie in der Mitte auseinander – wie bei der vorherigen – und ziehe die neue untere Partie durch die Lücke.

Wiederhole diesen Schritt bis zum Ende und binde das Ende mit einem Haargummi ab.

Tipp

Ziehe die einzelnen Abschnitte auseinander, damit der Zopf noch schicker aussieht.

Im Alltag

Locker geflochtener Zopf

Mit etwas Übung ★★★☆☆

Du brauchst:
Haarbürste
Kamm
Haargummi

Teile das Haar in vier gleich große Partien.

Nimm die beiden mittleren Stränge auf und lege den linken über den rechten Strang. Lege dann den Strang rechts außen über den Strang links daneben (wie bei einem Zopf aus drei Strängen).

Nimm den Strang links außen und webe ihn nach rechts unter den nächsten Strang und über den übernächsten.

Nimm den Strang rechts außen und lege ihn in die Mitte.

Wiederhole Schritte 3 und 4 bis zum Ende. Binde das Ende mit einem Haargummi ab.

Hübsche Schleife

Du brauchst:

- Kamm
- Haarclip
- Haarnadeln
- Große Haargummis

Einfach ★★☆☆☆

Binde einen halben Pferdeschwanz (nur mit der Haarpartie auf dem Oberkopf).

Teile den Pferdeschwanz in zwei gleich große Partien. Toupiere die Vorderseite der rechten Partie. (Beim Toupieren kämmst du das Haar rückwärts, von den Spitzen zum Haaransatz und bauschst es dadurch auf.)

Lege die rechte Partie zu einer großen Schlaufe und lass das Ende nach unten hängen. Stecke die Schlaufe mit Haarnadeln fest.

Toupiere die linke Partie und lege sie ebenso zu einer Schlaufe. Stecke die Schlaufe fest. Binde beide Schlaufen mit einem Haargummi zu einer Schleife zusammen.

Hoch geflochten

Du brauchst:

- Haarbürste
- Kamm
- Haargummis
- Haarklemmen

Einfach ★★☆☆☆

1

Ziehe von einem Ohr zum anderen einen Scheitel. Binde die obere Partie mit einem Haargummi zu einem halben Pferdeschwanz.

2

Nimm am Haaransatz im Nacken eine kleine Partie auf und teile sie in drei Stränge.

3

Flicht einen französischen Zopf (S. 6, 7) vom Nacken bis zum Pferdeschwanz. Binde das Ende mit einem Haargummi ab und mit einem weiteren Haargummi mit dem Pferdeschwanz zusammen.

Das Haar am Oberkopf kannst du auch zu einem Haarknoten hochstecken. Ziehe den Pferdeschwanz dazu nach oben, lege ihn zu einer Schlaufe und ziehe das Ende durch die Schlaufe. Stecke den Haarknoten fest.

In der Schule

Zöpfe über Kreuz

Mit etwas Übung ★★★☆☆

Du brauchst:

Haarbürste

Kamm

Haargummis

Tipp

Die Zöpfe sind am Hinterkopf einseitig und im Nacken beidseitig eingeflochten und können nicht verrutschen.

1

Ziehe einen Mittelscheitel von der Stirn bis zum Nacken. Teile das Haar auf der einen Seite vom Scheitel bis zum Haaransatz schräg in zwei Partien. Wiederhole dies auf der anderen Seite. Binde die vier gleich großen Partien mit Haargummis ab.

2

Beginne mit der oberen rechten Partie. Nimm das Gummi wieder heraus und flicht am schrägen Scheitel entlang. Nimm dabei jeweils Strähnen von oben hinzu.

3

Flicht in der Mitte ein paarmal einen normalen Zopf und nimm dann bis zum Nacken abwechselnd von rechts und von links Strähnen hinzu. Flicht am Ende einen normalen Zopf und binde das Ende mit einem Haargummi ab.

Beginne dann mit der linken oberen Partie und nimm von oben Strähnen hinzu, flicht in der Mitte ein paarmal einen normalen Zopf und nimm im Nacken von beiden Seiten Strähnen hinzu.

4

5

Flicht am Ende einen normalen Zopf und binde das Ende mit einem Haargummi ab.

In der Schule

Doppelter Pferdeschwanz

Einfach ★★☆☆☆

Du brauchst:

- Kamm
- Haargummis
- Haarklemme

Binde mit einem Haargummi einen tiefen Pferdeschwanz.

Teile den Pferdeschwanz in zwei Stränge. Nimm auf der Rückseite des linken Strangs eine kleine Strähne ab und ziehe sie zwischen den Strängen heraus.

Wickle die Strähne wie eine liegende Acht abwechselnd über und unter den linken Strang und über und unter den rechten Strang.

Nimm eine neue kleine Strähne von der Rückseite hinzu, bevor die erste Strähne verbraucht ist und wickle weiter. Nimm die Strähnen immer abwechselnd vom linken und vom rechten Strang, damit beide Stränge gleich dick bleiben.

Umwickle das obere Drittel des Pferdeschwanzes. Stecke die lose Wickelsträhne auf der Rückseite des Pferdeschwanzes mit einer Haarklemme fest.

In der Schule

SCHÖNER HAARSCHLEIER

Einfach ★★☆☆☆

Du brauchst:

- Kamm
- Haargummis

Nimm rechts und links an der Stirn (über den Augen) jeweils eine Strähne auf. Drehe sie gegen den Uhrzeigersinn ein.

Binde die beiden gedrehten Strähnen mit einem Haargummi zu einem kleinen Pferdeschwanz zusammen.

Nimm zwei Strähnen unterhalb der ersten auf und drehe sie ebenso ein. Binde diese gedrehten Strähnen mit einem Haargummi etwas weiter unten zu einem kleinen Pferdeschwanz zusammen.

Drehe noch 2 bis 3 weitere Strähnen und binde sie zusammen, bis du etwas unterhalb der Ohren angekommen bist. Lass das restliche Haar offen.

Ziehe die gedrehten Strähnen etwas auseinander, damit die Haargummis nicht mehr zu sehen sind.

In der Schule

Seitlich geflochtener Zopf

Mit etwas Übung ★★★★☆

Du brauchst:
Kamm
Haargummis
Haarklemme

Tipp
Es sieht schick aus, wenn ein Zopf verschiedene Flechtmuster hat. Kombiniere doch mal einen französischen Zopf mit Fischgrätmuster.

In der Schule

Ziehe einen L-förmigen Scheitel. Nimm an der Längsseite des Scheitels eine kleine Partie auf und teile sie in drei Stränge.

Flicht einen holländischen Zopf (S. 5, 7) und nimm abwechselnd auf beiden Seiten Strähnen hinzu, auf der linken Seite am Haaransatz und auf der rechten Seite an der Querseite des Scheitels.

Wenn du beim Ohr angekommen bist, nimm auf der rechten Seite Strähnen am Haaransatz hinzu. Nimm zuerst eine größere Partie über dem rechten Ohr auf.

Flicht weiter, bis alle Haare auf der rechten Seite eingeflochten sind.

Binde den Zopf mit einem Haargummi ab. Nimm eine Strähne der offenen Haare und wickle sie um das Haargummi. Stecke die Strähne fest.

Flicht einen französischen Zopf weiter (S. 6). Ziehe die einzelnen Zopfabschnitte auseinander.

Wasserfallzopf

Mit etwas Übung ★★★☆☆

Du brauchst:
Kamm
Haarclip
Haargummi

Nimm auf der linken Seite drei Strähnchen an der Stirn auf.

Lege den rechten Strang über den mittleren Strang. Lege dann den linken Strang über den neuen mittleren Strang und lass den neuen linken Strang fallen.

Nimm auf der linken Seite eine Strähne auf und lege sie über den mittleren Strang. Nimm zum rechten Strang eine Strähne hinzu (wie beim eingeflochtenen Zopf), lege den rechten Strang über den neuen mittleren Strang und lass den neuen linken Strang fallen.

Wiederhole Schritt 3 bis zum Hinterkopf und stecke den Zopf mit einem Haarclip fest. Flicht den Wasserfallzopf auf der anderen Seite, wiederhole dazu Schritte 1–3.

Wenn der Wasserfallzopf auf beiden Seiten geflochten ist, flicht die beiden Zöpfe als normalen Zopf so weit, wie du möchtest, und binde ihn mit einem Haargummi ab.

Eingeflochtener Fischgrätzopf

Aufwendig ★★★★★

Du brauchst:
Kamm
Haargummi

Tipp
Besonders schick wirkt dieser Zopf, wenn du ihn nach dem Flechten auseinanderziehst.

Nimm am Hinterkopf eine kleine Partie auf und teile sie in zwei gleich große Stränge.

Beginne mit einem Fischgrätzopf (S. 8). Nimm eine kleine Strähne an der Außenseite des linken Strangs ab und lege sie auf die rechte Seite.

Nimm dann eine kleine Strähne an der Außenseite des rechten Strangs ab und lege sie auf die linke Seite.

Nimm eine Strähne am linken Haaransatz auf und füge sie zu dem unteren Strang in deiner rechten Hand hinzu. Nimm dann eine Strähne am rechten Haaransatz auf und füge sie zu dem unteren Strang in deiner linken Hand hinzu. Flicht weiter und füge jeweils Strähnen zu den unteren Strängen hinzu.

Flicht einen eingeflochtenen Fischgrätzopf bis zum Nacken und dann einen normalen Fischgrätzopf. Binde das Ende mit einem Haargummi ab.

In der Schule

Ausgefallener Pferdeschwanz

Aufwendig ★★★★★

Du brauchst:

- Haarbürste
- Haarclips
- Haargummis

Tipp

Diese Frisur gelingt und hält am besten, wenn du den Pferdeschwanz vor dem Knoten mit Wasser einsprühst und anschließend mit Haarspray.

In der Schule

Binde einen hohen Pferdeschwanz und bürste ihn gut durch. Nimm von der Rückseite des Pferdeschwanzes zwei Strähnchen auf.

Lege die Strähnchen nach vorn und verknote sie miteinander, wie wenn du einen Schuh bindest.

Lass die Enden der Strähnchen seitlich am Pferdeschwanz herunterhängen und stecke sie mit Clips fest.

Nimm auf der Rückseite des Pferdeschwanzes wieder zwei Strähnchen auf, verknote sie auf der Vorderseite und stecke sie am Pferdeschwanz fest.

Wiederhole Schritt 4 bis zum Ende und binde das Ende mit einem Haargummi ab.

Festlich

Dutt mit Kranz

Mit etwas Übung ★★★☆☆

Du brauchst:
- Haarbürste
- Haargummis
- DuttKissen
- Kamm
- HaarKlemmen
- Haarnadeln

Tipp
Du kannst den Kranz nach dem Feststecken auch mit Haarschmuck verzieren, z. B. mit Blüten oder Sternen.

Binde einen hohen Pferdeschwanz und ziehe ihn durch ein DuttKissen.

Verteile das Haar gleichmäßig über dem DuttKissen. Nimm ein Strähnchen auf und teile es in drei Stränge. Flicht dreimal holländisch (S. 5). Stecke den Zopfanfang unterhalb des DuttKissens gut fest.

Flicht weiter holländisch einen einseitig eingeflochtenen Kranz unterhalb des DuttKissens. Nimm von oben ein Strähnchen als dritten Strang zu dem festgesteckten Zopfanfang hinzu.

Flicht im Uhrzeigersinn um den Dutt herum und nimm jeweils ein Strähnchen von oben hinzu.

Wenn alle Haare über dem Kissen in den Kranz eingeflochten sind, flicht einen holländischen Zopf bis zum Ende.

Lege den Zopf unter dem eingeflochtenen Kranz um den Dutt und stecke ihn fest.

Ährenzöpfchen

Mit etwas Übung ★★★☆☆

Du brauchst:
Kamm
Haargummi

Nimm rechts und links am Oberkopf jeweils ein Strähnchen auf.

Ziehe die Strähnchen zur Mitte des Hinterkopfs und verknote sie.

Lege die beiden Strähnchen zusammen und teile sie in drei Stränge. Flicht dreimal französisch.

Nimm wieder (wie bei den ersten beiden Strähnchen) am Haaransatz zwei Strähnchen auf und füge sie zum Zopf hinzu.

Flicht wieder dreimal und nimm wieder von rechts und links Strähnchen hinzu. Flicht so weit, wie du möchtest, weitere Strähnchen ein und dann einen normalen Zopf bis zum Ende. Binde das Ende mit einem Haargummi ab.

Festlich

Eingeflochtener Haarkranz

Mit etwas Übung ★★★☆☆

Du brauchst:

- Haarbürste
- Kamm
- Haargummi
- Haarnadeln

Tipp

Du kannst den Kranz auch französisch flechten.

Ziehe links einen Seitenscheitel. Nimm rechts vom Scheitel drei Strähnen auf.

Flicht holländisch (S. 5) über den Scheitel und nimm von rechts und links jeweils Strähnchen hinzu.

Flicht rundherum mit etwas Abstand zum Haaransatz, bis du wieder beim Scheitel angekommen bist.

Flicht einen normalen Zopf weiter (holländisch), lege ihn um den Kranz und stecke das Ende hinein. Stecke den Zopf fest.

Ziehe den Zopf etwas auseinander, wenn der Kranz weicher aussehen soll.

Festlich

Schwungvoll geflochten

Mit etwas Übung ★★★☆☆

Du brauchst:

Haarbürste

Kamm

Haargummi

Nimm an einem Seitenscheitel drei Strähnchen auf. Bei diesem Zopf aus drei Strängen nimmst du nur von einer Seite Strähnchen hinzu.

Flicht französisch (S. 6) von links nach rechts in einem Bogen über den Hinterkopf und nimm von oben Strähnchen hinzu.

Wende und flicht in die andere Richtung, wenn du auf der Höhe des Scheitels angekommen bist. Nimm Strähnchen unterhalb des bereits eingeflochtenen Zopfbogens auf, und zwar mit der linken Hand, nicht mehr mit der rechten.

Flicht so weiter von rechts nach links, bis du am Haaransatz angekommen bist.

Flicht den Zopf als normalen französischen Zopf bis zum Ende.

Tipp

Mit dieser Methode kannst du sehr gut teilweise geflochtene und teilweise offene Frisuren gestalten.

Eingedrehtes Tuch

Einfach ★★☆☆☆

Du brauchst:

- Sprühflasche mit Wasser
- Kamm
- Haargummis
- Haarnadeln

Sprühe das Haar leicht mit Wasser ein. Drehe ein langes schmales Tuch ein und lege es etwa 5 cm hinter dem Haaransatz auf das Haar.

Nimm auf einer Seite eine Stirnsträhne auf und drehe sie mit dem Tuch ein. Nimm immer weiter seitliche Strähnen hinzu und drehe sie mit ein, bis das gesamte Haar auf dieser Seite eingedreht ist.

Teile das Haar in zwei Stränge und flicht mit dem Tuch als drittem Strang einen normalen Zopf. Binde das Ende mit einem Haargummi ab.

Wiederhole Schritte 2 und 3 auf der anderen Seite. Ziehe die Zöpfe anschließend auseinander, wenn sie breiter sein sollen.

Nimm das Ende des rechten Zopfs und stecke es unter dem linken Zopf fest. Stecke den linken Zopf unter dem rechten Zopf fest.

Dutt mit Schleife

Mit etwas Übung ★★★☆☆

Du brauchst:
- Haarbürste
- Haargummis
- DuttKissen
- Haarclip
- Haarklemmen

Tipp
Achte darauf, dass die Haarklemmen gut im Haar versteckt sind.

Binde einen Pferdeschwanz und ziehe ihn durch ein Duttkissen. Lege das Haar glatt und gleichmäßig um das Duttkissen.

Ziehe ein Haargummi über das Duttkissen und binde den Dutt damit ab. Binde den restlichen Pferdeschwanz mit einem durchsichtigen Haargummi ab.

Teile den Pferdeschwanz in drei Stränge. Stecke den mittleren Strang vorläufig beiseite.

Lege den rechten Strang nach rechts zu einer Schlaufe und stecke diese mit Haarklemmen fest. Lege den linken Strang nach links zu einer Schlaufe und stecke diese fest.

Löse den mittleren Strang und flicht daraus einen Zopf. Binde das Ende mit einem Haargummi ab. Lege den Zopf über die Mitte der Schleife, schiebe das Ende darunter und stecke den Zopf mit Haarklemmen fest.

Festlich

Schöne Haarschnecke

Mit etwas Übung ★★★☆☆

Du brauchst:

- Kamm
- Haargummi
- Haarklemmen

Ziehe einen schrägen Seitenscheitel (siehe Foto). Nimm oberhalb des Scheitels am Haaransatz drei Strähnen auf.

Nimm von beiden Seiten Haare auf und flicht einen eingeflochtenen holländischen Zopf (S. 5, 7) an der Stirn entlang bis hinter das Ohr.

Flicht den Zopf dann als normalen, losen Zopf bis zum Ende.

Ziehe den losen Zopf nur auf der linken Seite und nur in der oberen Hälfte etwas auseinander.

Lege den Zopf gegen den Uhrzeigersinn zu einer Schnecke und stecke diese fest.

Festlich

Schicker Flechtknoten

Mit etwas Übung ★★★★☆

Du brauchst:
Kamm
Sprühflasche mit Wasser

Nimm vorn links am Haaransatz eine Strähne auf und lege sie um einen Finger zu einer Schlaufe.

Nimm vorn rechts am Haaransatz eine Strähne auf und lege sie vor die Schlaufe. Sprühe die Strähnen mit Wasser ein.

Nimm das Ende der rechten Strähne und schiebe es hinter der linken Strähne nach oben. Ziehe das Ende der Strähne heraus.

Lege das Ende der rechten Strähne an der Oberseite der Schlaufe vor die Schlaufe und schiebe es an der Unterseite der Schlaufe hinter die Schlaufe.

Schiebe das Ende der rechten Strähne von oben hinter den Anfang der rechten Strähne.

Ziehe das Ende noch einmal von hinten nach vorn durch die Schlaufe. Ziehe den Flechtknoten an beiden Enden zusammen.

Geflochtenes Haarband

Einfach ★★☆☆☆

Du brauchst:
- Haarbürste
- Kamm
- Haargummis

Ziehe hinter den Ohren einen Scheitel über den Kopf (siehe auch rechts). Binde oder stecke das Haar hinter dem Scheitel beiseite.

Nimm hinter einem Ohr drei Strähnen auf und flicht sie zweimal holländisch (S. 5). Nimm dann beim Flechten jeweils am vorderen Haaransatz Strähnen hinzu. Flicht am Scheitel entlang über den Kopf.

Nimm jeweils Strähnen vom vorderen Haaransatz hinzu.

Wenn du den Zopf bis zur anderen Seite eingeflochten hast, binde ihn mit einem Haargummi ab und löse das restliche Haar.

Tipp

Diese Frisur ist genau das Richtige für dich, wenn deine Haare nicht so lang sind.

Stylish

Romantisches Herz

Mit etwas Übung ★★★★☆

Du brauchst:

Haarbürste

Kamm

Haargummis

Ziehe die abgebildeten Scheitel. Binde die einzelnen Partien zu Knoten auf.

Löse die Knoten auf der rechten Seite. Flicht vom unteren Ende des Mittelscheitels an dem schrägen Scheitel entlang und nimm nur Strähnchen von oben aus dieser Partie hinzu.

Wenn du bei dem Scheitel von Ohr zu Ohr angekommen bist, flicht den Herzbogen von oben nach unten. Nimm dabei weiterhin mit der rechten Hand Strähnchen hinzu.

Flicht einen einseitig eingeflochtenen Zopf weiter in Richtung Anfangspunkt. Flicht im Nacken einen normalen Zopf und binde das Ende ab.

Wiederhole Schritte 2–4 für den Herzbogen auf der anderen Seite.

Binde die beiden Zöpfe zusammen, damit die Herzform vollständig wird. Löse den Pferdeschwanz und das Ende der beiden Zöpfe, damit das Haar unterhalb der Herzform offen ist.

Stylish

Witzige Flechtherzen

Einfach ★★☆☆☆

Du brauchst:

- Kamm
- Sprühflasche mit Wasser
- Haargummis

Ziehe einen Seitenscheitel und sprühe das Haar leicht mit Wasser ein. Teile auf der volleren Seite zwei Strähnen ab (siehe Foto) und binde sie mit einem Haargummi zusammen.

Nimm von rechts (unterhalb der ersten rechten Strähne) eine Strähne auf, schlage sie nach oben über die erste rechte Strähne und lass sie dahinter nach unten fallen.

Nimm von links (unterhalb der ersten linken Strähne) eine Strähne auf, schlage sie nach oben über die erste linke Strähne und lass sie dahinter nach unten fallen.

Binde die beiden losen Enden mit einem Haargummi zusammen.

Flicht anhand der Schritte 2–4 so viele Herzen, wie du möchtest.

Stylish

Unterteilter Pferdeschwanz

Einfach ★☆☆☆☆

Du brauchst:
Haarbürste
Bunte Haargummis
Kamm

Bürste das Haar gut durch und binde es zu einem Pferdeschwanz.

Der Pferdeschwanz wird jetzt mehrmals abgebunden. Ziehe das zweite Haargummi etwa 2,5 cm unterhalb des ersten auf.

Ziehe das Haar oberhalb des Haargummis etwas auseinander. Ziehe den Abschnitt rundherum auseinander, damit eine runde Form entsteht.

Wiederhole Schritte 2–3 bis zum Ende oder bis zu einem gewünschten Punkt.

Ziehe die einzelnen Abschnitte mit dem Stiel des Stielkamms noch stärker auseinander, damit der Pferdeschwanz eine schöne Form bekommt.

Tipp

Mit bunten Haargummis und Bändchen wird die Frisur besonders auffällig.

Stylish

Duttspinne für Halloween

Einfach ★★☆☆☆

Du brauchst:

- Haarbürste
- Haargummis
- DuttKissen
- Haarklemmen
- 2 Wackelaugen
- Schwarze Bommel
- 4 schwarze Pfeifenputzer

Tipp

Mit einer roten Bommel und einem Geweih aus Filz bekommst du eine Rentier-Frisur.

Binde einen hohen Pferdeschwanz und ziehe ihn durch ein DuttKissen. Lege das Haar gleichmäßig über das DuttKissen und binde den Dutt mit einem Haargummi ab.

Drehe die offenen Haare ein und lege sie um den Dutt. Stecke den gedrehten Strang fest.

Klebe die Wackelaugen auf die Bommel. Lege die Bommel in die Mitte des Dutts und stecke sie fest.

Halbiere vier Pfeifenputzer und knicke jedes Stück zweimal zu Spinnenbeinen. Schiebe das erste Spinnenbein ein, bis es fest sitzt.

Vervollständige die Spinne mit den anderen Spinnenbeinen (vier auf jeder Seite).

Festlicher Zopf

Mit etwas Übung ★★★★☆

Du brauchst:

- Kamm
- Durchsichtige Haargummis
- Haarclip
- Haarschmuck

Ziehe einen Scheitel von einem Ohr zum anderen (siehe Foto). Binde die obere Partie zu einem Pferdeschwanz.

Teile den Pferdeschwanz in zwei Partien: eine obere und eine untere. Nimm die obere Partie und teile sie in zwei Stränge.

Lege die untere Partie zwischen den oberen beiden Strängen nach oben und stecke sie mit einem Clip fest. Binde die beiden Stränge mit einem durchsichtigen Haargummi zu einem Pferdeschwanz zusammen.

Löse die festgesteckte Partie, teile sie in zwei Stränge, lege den Pferdeschwanz zwischen diesen Strängen nach oben und stecke ihn am Oberkopf fest. Binde die beiden Stränge mit einem durchsichtigen Haargummi zu einem Pferdeschwanz zusammen.

Wiederhole Schritt 4 bis zum Nacken und binde die offenen Haare mit dem Zopfende zusammen. Ziehe die Stränge mit den Fingern so auseinander, dass sie unten breiter sind als oben und dekoriere sie mit Haarschmuck.

Tipp

Du kannst dir Haarschmuck auch selbst basteln, z. B. bunte Bommeln an Haarnadeln kleben oder aus Pfeifenputzern Sterne formen.

Muffin-Haarknoten

Mit etwas Übung ★★★☆☆

Du brauchst:
- Haarbürste
- Kamm
- Haargummis
- Muffin-Förmchen aus Papier
- Haarnadeln
- Haarspray

Ziehe einen Mittelscheitel und einen Scheitel über den Hinterkopf, von Ohr zu Ohr. Binde die beiden Oberkopfpartien zu Pferdeschwänzen.

Schneide den Boden eines Muffin-Förmchens heraus. Nimm einen der Pferdeschwänze, drehe ihn ein und ziehe ihn durch das Muffin-Förmchen.

Drehe den Pferdeschwanz wieder auf und toupiere ihn, indem du das Haar von unten nach oben kämmst.

Glätte den toupierten Pferdeschwanz außen vorsichtig mit dem Kamm und drehe ihn wieder ein.

Drehe den Pferdeschwanz weiter zu einem Knoten und stecke ihn im Muffin-Förmchen fest. Fixiere den Muffin-Haarknoten mit Haarspray, damit die Frisur hält.

Wiederhole Schritte 2–5 für den anderen Muffin-Haarknoten.

Frisuren nach Schwierigkeitsgrad

Dank

Die Autorin bedankt sich bei Denman, Babyliss, Goodys, Unite, Aveda, John Frieda und Bumble and Bumble für die Produkte, die für die Frisuren in diesem Buch verwendet wurden.
Die Herausgeber bedanken sich bei Chie Sato, Beth Belshaw, Laurel Kalani, Claire Harvey und Julie Stewart für ihre Unterstützung bei der Arbeit an diesem Buch. Unser Dank gilt www.thepopband.com für den Haarschmuck und unseren wundervollen Models: Lottie, Madeleine, Mattie, Rebecca, Ruby, Evie, Laren, Cara Tahlia, Olivia, Saffron, Crinan und Abby.

Bildnachweis
Originalfotos von Ruth Jenkinson (außer S. 12–13, 14–15, 20–21 von Michael Wicks, und S. 4 von Shutterstock/elador).